24.12.1999

Liebe Evelyn,

ein frohes Fest und das Allerbeste
für das Neue Jahr 2000 für
Sie und Ihre wachsende Familie!

Ihr

[illegible]

Der Weisse Leopard

Bernard Weber

Liebe Leserin, lieber Leser,

am 15. Dezember 1929 ist Walter Mittelholzer von Dübendorf zu seinem zweiten Afrikaflug gestartet, und zwar mit einer Fokker VIIb-3m mit der Immatrikulation CH 190. Dieser Flug, der als Kilimandscharoflug in die Annalen des Flugpioniers einging, wurde von Baron Louis von Rothschild ermöglicht.

Swissair flog flugplanmäßig erstmals 1947 mit einer DC-4 nach Johannesburg. Seither bedient unsere Fluggesellschaft Afrika regelmäßig, heute täglich. Intensiviert wurde unsere Verknüpfung mit dem «Schwarzen Kontinent» zudem durch die Beteiligung an der afrikanischen Fluggesellschaft South African Airways.

Und nun hat Bernard Weber, Autor und Filmemacher, ein Buch gestaltet, das sozusagen eine Liebeserklärung an Afrika, an den Kilimandscharo, aber auch an die Fotographie ist.

Noch mehr: Am Ort des Geschehens hat er eine fiktive Geschichte konstruiert und drei Zeitgenossen zusammengeführt: Walter Mittelholzer, Baron Louis von Rothschild und Ernest Hemingway.

Jener Mann, der die Swissair 1931 gegründet hat, hätte sich über diese Begegnung gefreut. Wir dürfen über sie lesen und sie genießen.

In diesem Sinne wünsche ich Ihnen eine lyrische Reise durch Text, Bild und Zeit: Diese drei Elemente verbinden sich in diesem Buch und werden in Sprache, Inhalt und Form zu einem Gedicht.

Philippe Bruggisser
CEO SAirGroup

Der Kilimandscharo ist ein schneebedeckter Berg von sechstausend Metern Höhe und gilt als der höchste Berg Afrikas. Der westliche Gipfel heißt bei den Massai «Ngàja Ngài», das Haus Gottes. Dicht unter dem westlichen Gipfel liegt das ausgedörrte und gefrorene Gerippe eines Leoparden. Niemand weiß, was der Leopard in dieser Höhe suchte.

Ernest Hemingway im Vorwort zu «Schnee auf dem Kilimandscharo».

Dieses Buch ist ein Tribut an den Schriftsteller Ernest Hemingway und den Luftfotografen und Flugpionier Walter Mittelholzer. Die Vorworte in Hemingways «Schnee auf dem Kilimandscharo» und Mittelholzers «Der Kilimandscharoflug» inspirierten mich zu der Geschichte «Der weiße Leopard».

Mittelholzer widmete sein Buch dem Baron Louis von Rothschild, weil dieser die Abenteuerreise nach Afrika finanziert hatte. Die Tatsache, daß diese drei illustren Persönlichkeiten fast gleichzeitig in Kenia verweilten, hat mich angeregt, ihre mögliche Begegnung zu beschreiben und die Geschichte zu erzählen, die daraus hätte entstehen können.

DER WEISSE LEOPARD

Bernard Weber alias Walter Mittelholzer auf den Spuren von Ernest Hemingway

National Pk.
Narok
Thika
Nairobi
Masai Mara
Nat. Reserve
River
Serengeti
Nat. Pk.
Loita Hills
Valley
L. Magadi
L. Natron
Nairobi
Nat. Pk.
Machakos
Amboseli
Nat. Pk.
A
N
Z
Ngorongoro
Crater
Kilimanjaro National
Park

Walter Mittelholzer

Ernest Hemingway

Alfred Künzle

Massai Ngui

Baron Louis von Rothschild

Ernest Hemingway

Walter Mittelholzer

Baron Louis von Rothschild

Massai Ngui

Alfred Künzle

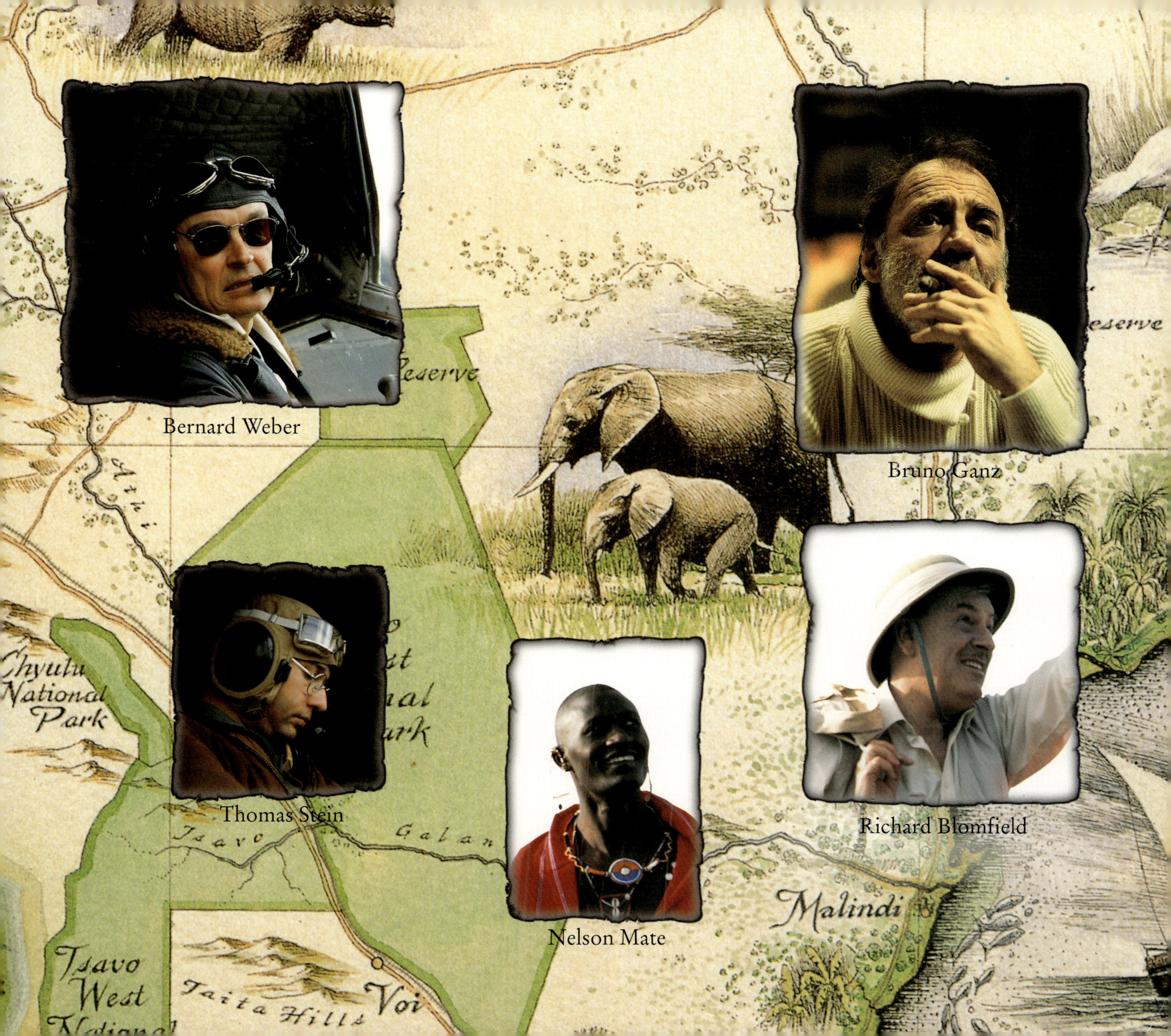

Bernard Weber

Bruno Ganz

Thomas Stein

Nelson Mate

Richard Blomfield

ANFANG DER DREISSIGER JAHRE.

Es war die Zeit der weißen Großwildjäger, die nach Afrika kamen, auf der Suche nach Abenteuer und um sich ihre Männlichkeit zu beweisen. Nur wenige Leute konnten sich eine solche Reise leisten – dies war das exklusive Privileg von Adeligen und Millionären. Einer von ihnen war der Wiener Baron Louis von Rothschild, der reichste Mann Österreichs. Er zahlte dem Schweizer Flugpionier Walter Mittelholzer die Kleinigkeit von einer Million Schweizer Franken, um von ihm zur Safari nach Kenia geflogen zu werden.

Doch das war damals keine so leichte Reise, wie man heute vielleicht denken könnte. Der Flug von Zürich nach Kenia über Rom, Athen, Kairo, Khartoum war eine große Herausforderung. Eine Meisterleistung – in navigatorischer wie in logistischer Hinsicht. An 22 Stationen mußten 18 000 Liter Benzin bereitstehen und moderne Kommunikationsmittel waren kaum verfügbar.

Walter Mittelholzer war allerdings mehr als ein einfacher Buschpilot: Wie die von ihm stammenden Schwarzweißfotographien zeigen, war er auch ein großartiger Fotograph und Filmemacher. Ihm sind die wertvollsten Luftaufnahmen aus jener Zeit zu verdanken. Als Flieger setzte er sich ein Denkmal, indem er als einer der ersten Afrika überflog und das Kap der guten Hoffnung erreichte. Doch damit nicht genug: Mittelholzer war auch der erste Mensch, der über den Gipfel des Kilimandscharo flog.

Baron von Rothschild beklagt sich über eine erfolglose Jagd...

Hemingway bietet dem Baron eine Herausforderung und eine Wette an. Selbstverständlich Ehrensache für den Baron...

Der Baron soll den seltenen weißen Bergleoparden finden, der nach einer Massai-Legende auf den Höhen des Kilimandscharo lebt, und dessen Kopf als Trophäe zurückbringen.

Während die meisten von Mittelholzers reichen Safarikunden ihren Besuch in Afrika mit Trophäen in Form von Tierköpfen oder Fellen krönten, bevorzugte er, seine Reisen mit der Kamera festzuhalten. Seine Trophäen waren Fotos und Filme über die Tiere und Menschen, die er gesehen und beobachtet hatte.

Fast zur gleichen Zeit wie Baron von Rothschild und Mittelholzer weilte in Kenia auch der amerikanische Autor Ernest Hemingway – mit den gleichen Absichten, nämlich auf Großwildjagd zu gehen. Nairobi inspirierte Hemingway zu seiner berühmten Erzählung «Schnee auf dem Kilimandscharo». In dieser Erzählung spiegelt sich Hemingways Faszination für Afrika und für den Mythos vom weißen Leoparden, der einer Massai-Legende zufolge auf dem Gipfel des Kilimandscharos gefunden wurde.

Ausgangspunkt unserer Abenteuergeschichte ist die Raucherecke des legendären Aeroklubs von Ostafrika in Nairobi, Kenia, von wo aus viele der großen Safaris starteten. Der Schweizer Pilot Walter Mittelholzer lauschte dem Gespräch am Nebentisch zwischen Hemingway und Baron von Rothschild.

Hemingway war ein ehrgeiziger Spieler und versuchte in jenem Augenblick, den Baron zu einer gefährlichen Expedition zu überreden.

Hemingway wird dem Baron eine Kiste seiner besten Zigarren auf sein Wiener Schloß schicken lassen.

Besonders als die Worte «Kilimandscharo», «Krater» und «weißer Leopard» fallen, richtet sich Mittelholzers Aufmerksamkeit auf das Gespräch am Nachbartisch.

Und so beginnt unser Abenteuer. Der Baron nahm die Wette mit Begeisterung an: Endlich hatte er eine wahre Herausforderung gefunden. Er beschloß, unverzüglich mit den Vorbereitungen zur Besteigung des Kilimandscharo zu beginnen, um nach dem weißen Leoparden zu suchen. Zuallererst mußte ein Bergführer gefunden werden. Bevor er sich für Führer Parzival entschied, ließ er sich von mehreren erfahrenen Führern die Aufstiegsrouten und die Gefahren der Besteigung eines so hohen Berges erklären.

Sechs Tage soll der relativ kurze Aufstieg von nur 15 Kilometern Länge dauern. Der Körper diktiert beim Steigen Tempo und Rhythmus, je nachdem, wie gut er sich an die Höhe gewöhnt.

Der Kilimandscharo ist 5895 Meter hoch, über tausend Meter höher als der höchste Berg der Alpen. Nur wenige Menschen hatten damals Erfahrung mit der Höhenkrankheit. Edmund Hillary hatte wenige Jahre zuvor den Mount Everest im Himalaya bestiegen und war einer der wenigen, der über Sauerstoffmangel und die Belastungen des Körpers in extremer Höhe hätte Auskunft geben können. Baron von Rothschild mußte sich damit begnügen, möglichst viele Informationen von ortskundigen Bergführern zu bekommen.

Bei 7000 Metern beginnt die Todeszone, das wußte Rothschild von Hillary. Also mußten sich bei 6000 Metern doch auch schon erhebliche Beschwerden einstellen: Plötzliche Müdigkeit, Kopfschmerzen, Übelkeit, Appetitlosigkeit seien erste Anzeichen. Bei Unschärfen am Rande des Blickfelds und Schwindelanfällen sei die Höhenkrankheit bereits fortgeschritten und eine sofortige Rückkehr ins tiefer gelegene Basislager unvermeidbar.

Unverzüglich beginnt der Baron mit den Vorbereitungen. Er rüstet sich standesgemäß aus und beginnt den Aufstieg.

Walter Mittelholzers Foto von
Baron von Rothschild unter einem Akazienbaum.
Typisch für die afrikanische Savanne.

Walter Mittelholzers Foto von
Baron von Rothschild unter einem Akazienbaum.
Typisch für die afrikanische Savanne.

Hemingway offeriert dem Massai-Chief fünf Kälber, wenn sein stärkster und bester Krieger den Kopf des weißen Leoparden vom Gipfel des Kilimandscharo bringen kann.

Hemingway selbst konnte sich an der Jagd auf den weißen Leoparden nicht beteiligen. Er mußte innerhalb zwei Wochen ein Buchmanuskript für seinen New Yorker Verleger fertigstellen. Um die ganze Jagd auf den weißen Leoparden etwas spannungsvoller zu gestalten, schmiedete er jedoch sein eigenes kleines Komplott. Hemingway beschloß, hinter dem Rücken von Baron von Rothschild einen Massai-Krieger anzuwerben, der sich an seiner Stelle gleichzeitig mit dem Baron auf die Suche nach dem legendären Leoparden machen sollte.

Die Frauen der Massai empfangen Hemingway freudig mit ihren traditionellen Gesängen.

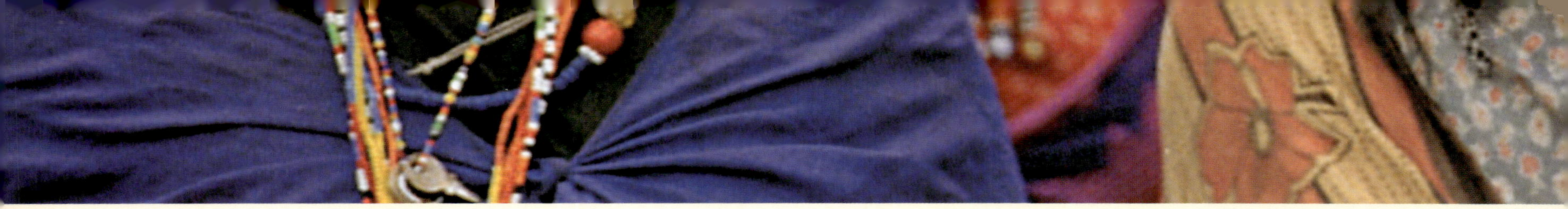

Um ihren Krieger für die Jagd auf den weißen Leoparden vorzubereiten, veranstalten die Massai ein großes Fest mit Gesang und Tanz. Die Tanzrituale dienen dazu, die verschiedenen Karmas des Kriegers für den Weg zum Gipfel des Kilimandscharo zu stärken.

Walter Mittelholzer begann seine Vorbereitungen ebenfalls mit dem Interviewen von ortskundigen Piloten. Er wollte erfahren, von welcher Seite der Kilimandscharo anzufliegen sei und wie die extreme Höhe möglicherweise das Flugverhalten, die Leistungen des Motors und der Propeller beeinflussen würden.

An den zögernden Antworten der Piloten war zu erkennen, daß sie eigentlich von dem Vorhaben abrieten. Zu dünn sei die Luft da oben, damit ein Vergasermotor noch genug Sauerstoff für die Verbrennung habe. Das Flugverhalten des Flugzeugs sei vergleichbar mit den Flugeigenschaften einer «schwangeren» Gans. Er solle sich besser nicht darauf verlassen, daß die Ruder ansprechen würden. Den Krater zu überfliegen, war für die Piloten undenkbar: It's a no go!

Da es in dieser großen Höhe schon extrem starke Jetstream-Winde gebe, seien die zu erwartenden Turbulenzen und rollenden Abwinde auf der Leeseite des Berges beziehungsweise im Krater so stark, daß es die schwachen Motor- und Propellerleistungen von Mittelholzers Maschine nie schaffen würden, das Flugzeug in sicherem Abstand über dem Berg zu halten.

Der Kilimandscharo konnte damals nur im Sommer, früh morgens, wenn die Luft noch kalt ist, von nordöstlicher Richtung angeflogen werden. Das sprach für einen Flug ab Wilson Airport, Nairobi, weil nur von dort aus ein direkter Anflug auf den Kilimandscharo möglich war.

Vom Überfliegen des Kilimandscharo-Kraters konnten beide Piloten nur ganz dringend abraten.

«Dort in südlicher Richtung – ganz in der Ferne und bei ganz klarer Sicht –, können Sie den Kilimandscharo von hier aus sehen.»

Was weder Hemingway noch der Baron wissen konnten, war die Tatsache, daß Walter Mittelholzer, der sich sowieso zum Ziel gesetzt hatte, als erster Pilot den Kilimandscharo zu überfliegen, jetzt auch davon besessen war, bei dieser Gelegenheit aus der Luft selbst nach dem weißen Leoparden zu suchen.

Mit seinem Kopiloten Künzle und dem Mechaniker Wegmann machte er seine Maschine startklar: Alles, was man irgendwie abschrauben konnte, wurde ausgebaut, um die Maschine möglichst leicht zu machen. Als Mittelholzer und Künzle starteten, war es früh am Morgen und die Luft war kühl und gut tragend.

Auf dem Weg zum Kilimandscharo flogen Mittelholzer und Künzle über die Weiten der afrikanischen Savannen, die wie eine Arche Noah das Großwild Afrikas beherbergen.

Die Faszination des Fliegens
ist schwer zu beschreiben.
Wenn man über den Wolken ist,
gleitet man durch die Luft,
vergleichbar mit einem Schwimmer,
der in den Ozean abtaucht.
Das Gefühl absoluter Freiheit
kommt auf. Man ist von der Welt,
wie man sie kennt, vollkommen
abgeschnitten.

Dies sind die Jagdreviere, die schon in den dreißiger Jahren die weißen Jäger angelockt haben.

Es war bereits Mittelholzers dritter Versuch, den Kilimandscharo zu überfliegen, aber dieses Mal schien alles gut zu laufen. Die Zeiger aller Instrumente standen im grünen Bereich. «Überprüfe das von Zeit zu Zeit», schrie Mittelholzer seinem Kopiloten Künzle zu. Er hatte schon etwas Angst, daß er möglicherweise in den euphorischen Momenten dieses abenteuerlichen Fluges seine Maschine vergessen könnte.

Eine Luftaufnahme des Massai-Dorfes, das Hemingway besucht hatte, um einen Herausforderer für den Baron zu finden.

Da der Baron als erster losgezogen ist, hat er einen großen Vorsprung aufgebaut. Als er aber über der Baumgrenze auf fast 5000 Metern ankommt, macht ihm die Höhe gewaltig zu schaffen. Seine gesunde Gesichtsfarbe verschwunden und er fühlt sich so übel, daß er sich fast übergeben muß.

Nur um von Zeit zu Zeit die Fährte aufzunehmen, stoppt der Massai auf seinem Weg zum Gipfel des Kilimandscharo.

«Das ist doch seltsam. Die Massai gehen normalerweise niemals auf den Kilimandscharo. Er ist ihnen heilig!»

Der Massai-Krieger hat aufgeholt und zieht zum großen Erstaunen des Bergführers Parzival an Baron von Rothschild vorbei.

An diesem Tage schien auch das Wetter mitzuspielen. Aus der Ferne sah Mittelholzer bereits den Gipfel des Kilimandscharo, und er holte mit großer Geschwindigkeit seinen Rückstand auf. Auch er war bereits auf 4500 Metern angelangt, und der Kilimandscharo sah aus der Distanz eigentlich verdammt klein aus. Sein Übermut verlieh Mittelholzer den Eindruck, als würde er diesen Berg ohne das kleinste Problem schaffen. Doch es sollte anders kommen.

Fast doppelt so schnell wie das Meßinstrument in der dünnen Luft anzeigte, raste Mittelholzer auf den Berg zu, der vor seinen Augen immer höher in den Himmel hinaufwuchs. Wenn er keine Steigschlaufen geflogen wäre, hätte er dem Berg nicht ausweichen können. Aber diese Steigschlaufen kosteten Zeit, viel Zeit. Für hundert Meter vergingen jedes Mal 10 bis 15 Minuten, und je höher er flog, desto länger dauerte eine Schleife. Es war unfaßbar! Mittelholzer war enttäuscht, und langsam kamen erste Zweifel in ihm auf, ob das Überfliegen des Gipfels machbar sein würde.

Die steigende Sonne begann die Erdoberfläche zu erwärmen. Das konnte man an den sich bildenden Wolken sehen. Die erwärmte Luft stieg auf und verband sich mit den starken horizontalen Höhenwinden zu kräftigen Turbulenzen. Diese Winde auf dem Gipfel des Kilimandscharos sind vergleichbar mit hohen Wellen im Ozean, die sich über einem Riff brechen. Sie rollen in den Krater hinunter und auf der anderen Seite des Berges hinab und erdrücken alles Bewegliche unter sich.

Jemand, der mit diesen Winden fliegt, fühlt sich wie ein Surfer, der auf einem hohen Wellenkamm reitet. Man kann sich die Euphorie jenes Moments vorstellen, in dem Mittelholzer diese starken Aufwinde verspürte, die seinem Flugzeug endlich dazu verhalfen, über dem Krater zu schweben. Der Gipfel mußte mit einem großen Sicherheitsabstand angeflogen werden!

Mittelholzer wollte die Grenzen
des Fliegens überschreiten, so wie Hemingway
versuchte, das Leben in all seinen
Extremen zu erfahren...
Mittelholzer brauchte dazu den Horizont,
Hemingway seine Worte.

Bei all der Aufregung hätte Mittelholzer fast vergessen, nach dem weißen Leoparden Ausschau zu halten.
Ist da nicht schon ein Anzeichen von ihm?

Na so was: Der Baron hatte gleichzeitig mit dem Massai den Gipfel erreicht. Mittelholzer, der nichts von Hemingways Komplott mit den Massais wußte, vermutete den Massai als Bergführer des Barons. Einen weißen Leoparden hatte jedenfalls weder der eine noch der andere bei sich. Das konnte er aus der Luft klar erkennen. Und da Mittelholzer aus der Vogelperspektive auch keine Spuren oder Anzeichen von anderem Leben erkennen konnte, bestätigte sich seine schon am Tisch des Aeroklubs angestellte Vermutung, daß Hemingway den Baron auf eine falsche Spur geleitet hatte.

«Hemingway hat uns allen einen weißen Leoparden aufgebunden, der hat uns alle angeschwindelt. Den weißen Leoparden auf dem Gipfel des Kilimandscharo gibt es gar nicht!», schrie er zu Künzle, der nur verlegen mit dem Kopf nickte.

«Hey Künzle, schau mal runter! Unser Baron mit einem Massai auf dem Gipfel.»

CH-190

«Hey, da, das ist mein Pilot und mein Flugzeug. Mittelholzer hol' mich hier runter! Ich habe auch die Rückreise schon bezahlt», schreit der Baron in seinem Höhenrausch dem Flugzeug wie unter starkem Alkoholeinfluß zu. Der Massai nickt nur lachend.

Während Walter Mittelholzer so über dem Krater des Kilimandscharo kreiste, beeindruckte ihn dessen spektakuläre Erscheinung so stark, daß er sich und seine Maschine tatsächlich vergaß. In der Ferne begannen sich gigantische tropische Gewitterwolken zu bilden. Er hatte die Zeit überzogen, und die Benzinuhr zeigte einen erschreckend geringen Benzinstand an! Würde das Benzin bis Nairobi zurück ausreichen?

OIL
FUEL
FUEL
FRONT

Im Sinkflug fliegt Mittelholzer vorbei an der östlichen Wand des Kilimandscharo gegen Westen, sein Blick fällt auf die Form des Kilimandscharo-Gletschers. Dieser Anblick erhellt Mittelholzers Phantasie wie ein Blitz: «Da seh ich's. Das ist das Bild, das ich schießen wollte.»

Schnell übergibt er seinem Copiloten Künzle das Steuer. «Sei vorsichtig, geh nicht zu schnell runter, sonst vereist der Vergaser. Laß mich schnell meine Kamera aufziehen!»

«Ich muß den Berg filmen!» Plötzlich, in seiner Euphorie, verstand Mittelholzer den Mythos der Massai-Legende, die Hemingway angepriesen hatte. Tatsächlich: Eis und Schnee bildeten die Form eines Leoparden, und in dieser Form hatten die Massai den weißen Leoparden auf ihrem heiligem Berg liegen sehen! Es war die Aufregung dieses Moments, die Mittelholzer die Botschaft des weißen Leoparden begreifen ließ. Keines seiner Instrumente hätte ihm an diesem Tag helfen können, das zu finden, was er suchte.

CH-190

Im Sinkflug, auf halber Strecke nach Nairobi, geht der Sprit aus. Der Motor steht still!

Das größte Risiko in der Fliegerei ist nicht die Maschine,
sondern der menschliche Faktor.
Mittelholzer und Künzle hatten die Zeit vergessen!
Nun müssen sie mit Können und Improvisationsgabe den
eigenen Fehler wiedergutmachen, eine Gabe,
welche die Maschine nicht besitzt.
Sie läuft nach ihrer sturen internen Logik.

Walter Mittelholzer war sich in diesen Augenblicken nicht bewußt, daß er nicht nur als Pilot eine Pionierleistung zustande gebracht hatte, sondern auch als Fotograf und Filmemacher eine neue Form der Jagd begründet hatte: Die Foto-Safari.

Er hatte seine Trophäe nicht in Form eines Tierkopfes oder Felles nach Hause gebracht, sondern als Film, der alle erfreuen würde. Und der weiße Leopard würde es ihm sicher am meisten danken.

Die letzten paar hundert Meter bis zum Flugfeld von Nairobi schaffen Mittelholzer und Künzle im Gleitflug...

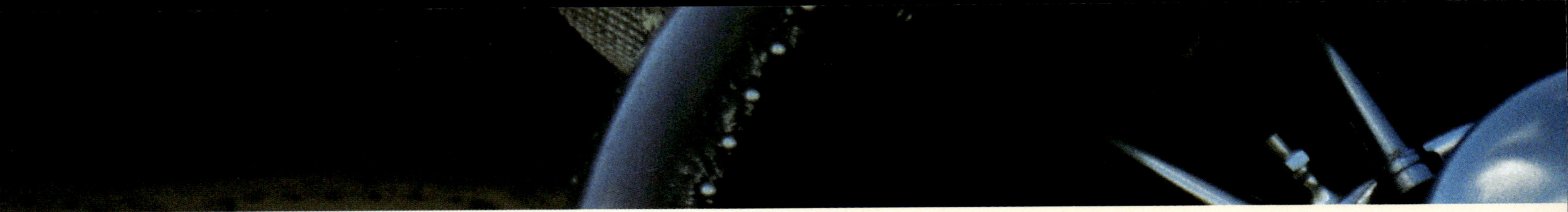

Die Tiere müssen sich nichts beweisen.
Sie wissen, wer sie sind und was sie
brauchen, um zu überleben.
Es sind nur die Menschen, die sich
die Eitelkeit erlauben,
sich einen Platz in der Geschichte
zu sichern.
Wir halten immer Ausschau nach
Trophäen, nach allem möglichen
Ruhm, der uns ein stärkeres
Selbstbewußtsein
und einen tieferen Lebenssinn
geben könnte.

Das mußte festgehalten werden! Der weiße Leopard und der Erstüberflug des Kilimandscharo mußten dokumentiert und der Nachwelt erhalten bleiben.

«Als erster Mensch habe ich den Krater des Kilimandscharo überflogen und dabei den weißen Leoparden mit meiner Kamera geschossen!» Was wird wohl Hemingway dazu sagen?

Walter Mittelholzer läßt sich bei seiner Arbeit fotografieren.

Auch der Massai-Krieger hatte eine Trophäe mitgebracht – als Beweis dafür, daß er auf dem Gipfel des Kilimandscharo gewesen war. Er rannte vom Berg herunter und trug ein Stück Eis vom Gletscher des Kraters bei sich. Niemals zuvor hatte sich ein Massai auf den Gipfel ihres heiligen Berges getraut.

Nach der Legende der Massai lebt auf dem Kilimandscharo der weiße Leopard. Möglicherweise hatten die Massai viel früher das Bild des Leoparden auf dem Gipfel gesehen, das Mittelholzer nun aus der Luft erkannt hatte. Und vielleicht waren sie über die Größe des Leoparden erschrocken und hatten sich deshalb nie auf ihren heiligen Berg «Ngàja Ngài» getraut.

Voller Spannung erwarten die Dorfbewohner die Rückkehr ihres Kriegers, der mit einer Überraschung aufwarten sollte.

Und noch nie zuvor hatten die Massai Eis angefaßt!

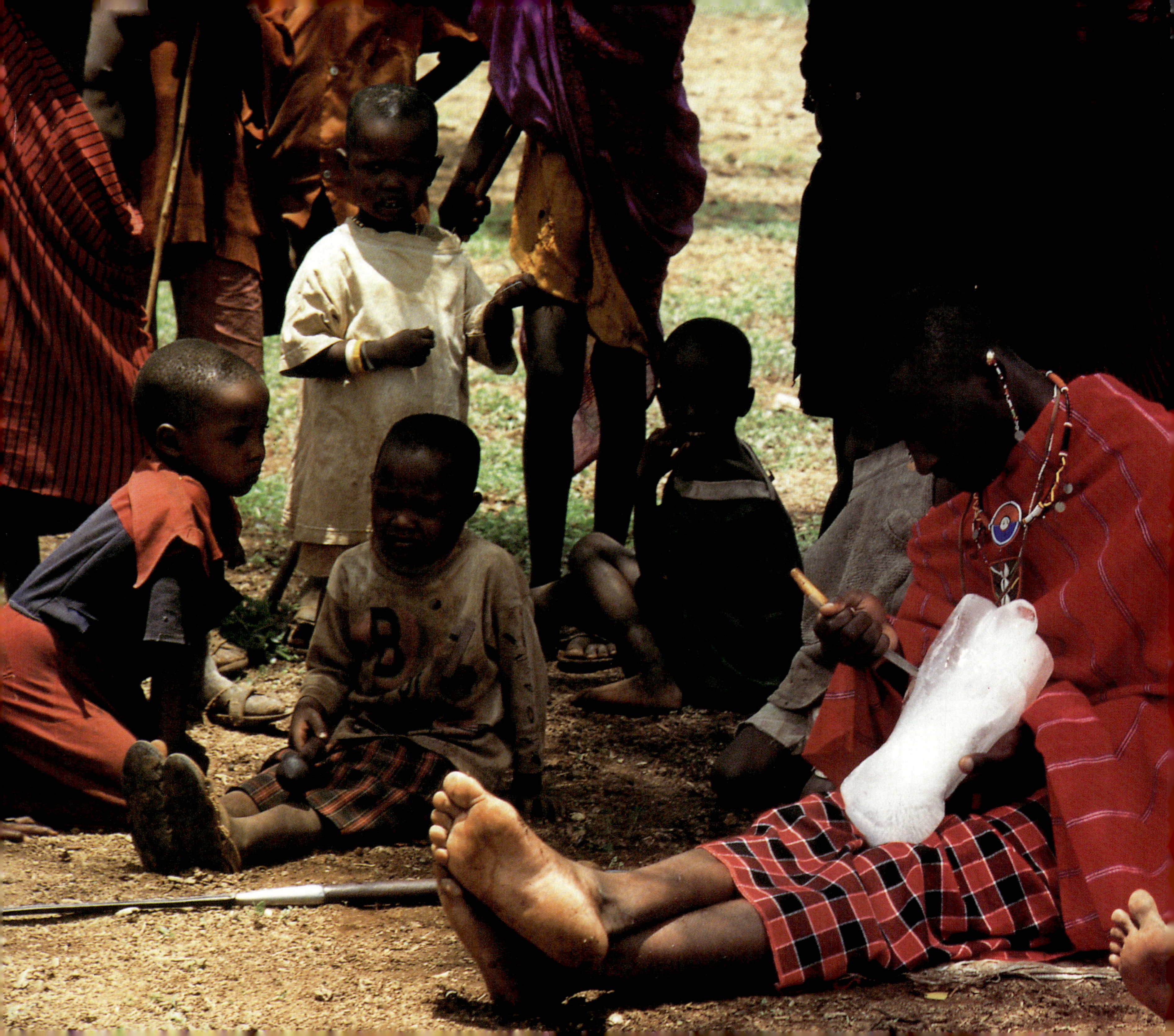

Stolz präsentiert Ngui den Eisblock. Normalerweise schnitzt er aus Holz Tierfiguren für die Kinder des Dorfes. Jetzt schlägt und ritzt er für sie den Kopf des weißen Leoparden aus dem Eis.

«Hallo Baron! Ich dachte schon, Sie kämen nicht mehr vom Berg herunter», sagte Hemingway.

«Hemingway, Sie haben mich in eine Todesfalle geschickt!»

Der Baron von Rothschild kam in die Bar des Aeroclubs von Ostafrika und er war frustriert. Der Leopard, den er gesucht hatte, war nicht zu finden. Seine Wut auf Hemingway, der ihn für eine Kiste Zigarren in eine Todesfalle geschickt hatte, war grenzenlos. Noch nie in seinem Leben war es ihm so schlecht ergangen. Er glaubte, auf dem Berg sterben zu müssen. Nicht einmal eine Ziege hatte er da oben gesichtet, geschweige denn einen Leoparden.

Es täte ihm leid, sagte Hemingway, aber der weiße Leopard sei eine Massai-Legende, und nicht alle Legenden seien wahr. Mit dieser Erklärung gab sich der Baron nicht zufrieden. Er wollte Genugtuung. Hemingway schlug ihm ein Duell vor – aber Duelle waren ja auch aus der Mode geraten.

«Wie heißt der Titel des Buches, das Sie in Kürze in New York abliefern müssen?», wollte der Baron wissen. Da zog ein breites Grinsen über Hemingways Gesicht. «Ich könnte es zum Beispiel ‹Schnee auf dem Kilimandscharo› nennen, und in Anbetracht dessen, daß Sie ja etwas Erfahrung da oben auf dem Berg gesammelt haben, könnte ich Sie das Vorwort dazu schreiben lassen. Ist das ein Deal?»
«Nein, Hemingway, so einfach ist das nicht abgetan. Ich will die Rechte an dem Buch besitzen!»

«Ich will die Rechte an Ihrem nächsten Buch. Wie soll es denn heißen?», wollte der Baron wissen.

«Ich könnte es ‹Schnee auf dem Kilimandscharo› nennen, wollen Sie nicht das Vorwort dazu schreiben?», antwortete Hemingway sarkastisch.

7 8

Von niemandem groß beachtet, stellte Walter Mittelholzer im Hintergrund der Bar des Aeroklubs seinen Filmprojektor und eine Leinwand auf und legte den Film ein.

Von niemandem groß beachtet, stellte Walter Mittelholzer im Hintergrund der Bar des Aeroklubs seinen Filmprojektor und eine Leinwand auf und legte den Film ein.

Hemingway bestellte einen Cognac für Baron von Rothschild und spendierte zur Feier des Tages und zur Rückkehr des Barons eine Runde für alle Anwesenden.

Noch bevor der Barkeeper den Cognac ausschenken konnte, klopfte Mittelholzer Hemingway und dem Baron auf die Schulter:
«Meine sehr vereehrten Herren, darf ich Sie für einen kurzen Moment stören? Bevor Sie sich definitiv über das Schicksal des weißen Leoparden einig werden, möchte ich Ihnen einen Film zeigen, den ich am Gipfel des Kilimandscharos gedreht habe. Ich glaube, er wird Ihnen den Mythos des weißen Leoparden erklären.»

Hier, schauen Sie bitte genau hin, achten Sie auf die Form von Schnee und Eis auf dem Gipfel. Sehen Sie ihn? Da liegt er doch, der weiße Leopard, den Sie gesucht haben!

Die beiden drehten sich langsam in Richtung der Projektionsleinwand. Hemingway in seinem fortgeschrittenen trunkenen Zustand etwas gelangweilt, der Baron noch immer frustriert über sein ganzes Abenteuer und skeptisch dreinblickend.

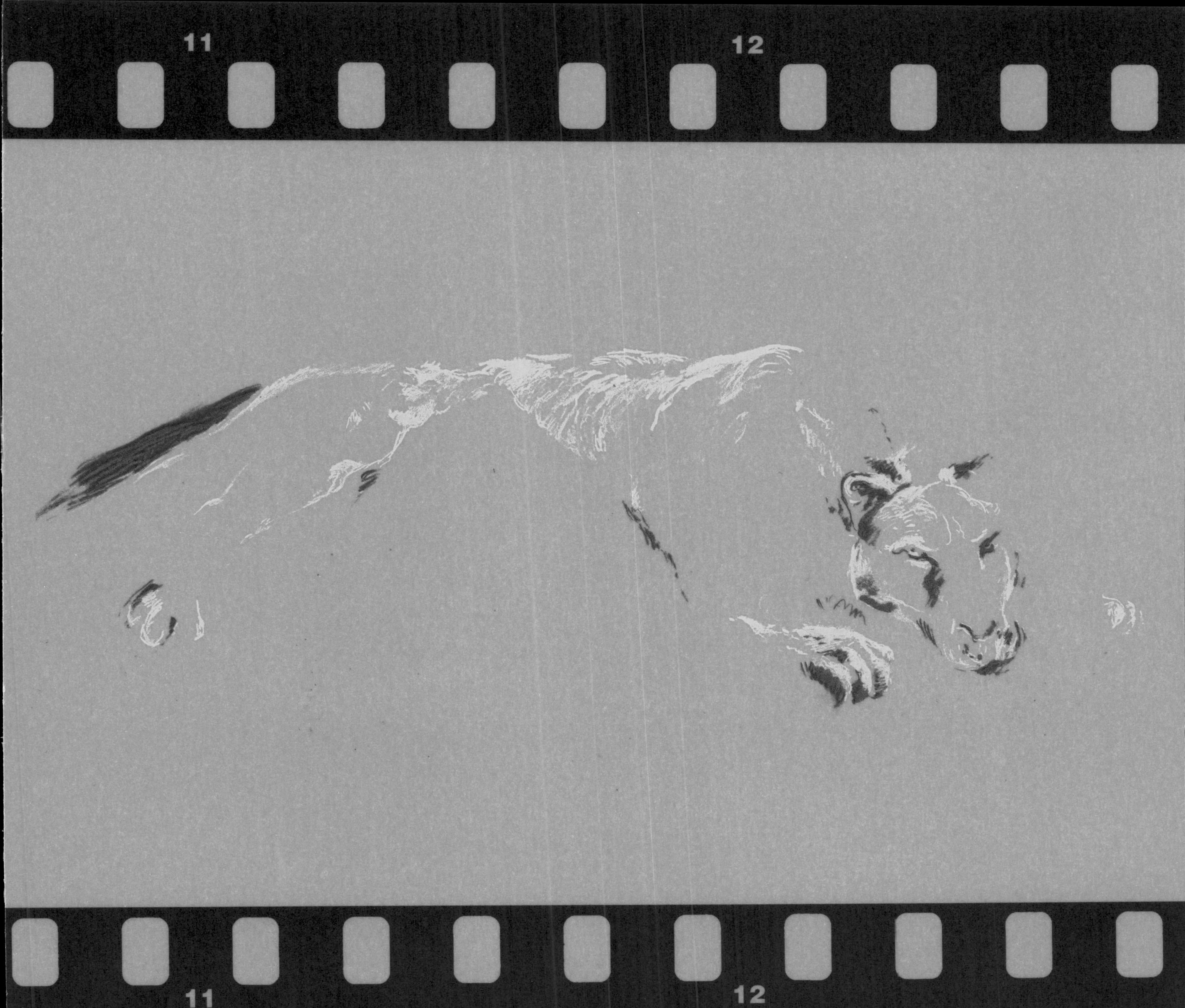
11
12

Dies ist das Foto, welches die Geschichte vom weißen Leoparden inspiriert hat.

Das kann doch nicht wahr sein!

Hier ist mein weißer Leopard!

Nun tut Walter Mittelholzer es Hemingway gleich: Zur Feier seines Triumphes zündet er sich eine Zigarre an, die er sich aus der Schweiz mitgebracht hatte, und genießt jeden Zug, während der Film bis zum Ende durchläuft.

13
14
13
14

WALTER MITTELHOLZER gründete 1931 die Swissair und wurde ihr erster Direktor. Er starb 1937 bei einem Kletterunfall in den Alpen.

BARON LOUIS VON ROTHSCHILD wurde zum reichsten Mann Österreichs. Mit Hilfe seiner Privatbank kaufte er den größten Grundbesitz Mitteleuropas zusammen. Er war der letzte aus dem Geschlecht der österreichischen Rothschilds.

ERNEST HEMINGWAY wurde 1954 der Nobelpreis für Literatur verliehen. Die Erzählung «Schnee auf dem Kilimandscharo» wurde zu einem seiner größten Erfolge.

THE END

Das bereits erschienene poetische Abenteuerbuch «DER WÜSTENPRINZ» ist dem Schriftsteller und Flugpionier Antoine de Saint-Exupéry gewidmet. Der Wunsch, mich mit historischen Flugzeugen auf die Spuren von Luftpionieren zu begeben, hat mich zu diesem Buch inspiriert. Der gleichnamige Film und dieses Buch wurden ermöglicht durch die großzügige Unterstützung von:

swissair

IWC
International Watch Co Ltd. Schaffhausen · Switzerland
Since 1868

SERENA HOTELS

LEGEND
SAFARI CLOTHES

DANKEN MÖCHTE ICH dem Aero Club of East Africa am Wilson Airport in Nairobi; A.L.S. Aircraft Leasing Service; Desert Locust Control for East Africa.

Ferner Jo O'Brian, Philippe Bruggisser, Beatrice Tschanz, Moritz Suter, Ruth Züblin, Freddi Müller, Gabriele Nass, Werner Bucher, Renato Tomasini, Mark Holden, Marzio Kravos, Simeon Anabwani, Joseph Murena, Unice Ogola, Dr. Werner Michel, Patrick Spengler, Rick Palmer-Wilson, Capt. Tad Watts, Capt. Ahmed Bashir, Walter Kalthoff, Bea Roduner, Georges Schellenbaum. Und Ike Werk, der als erster den weißen Leopard gesehen hat. Meinem Koproduzenten Stefan Jonas und Kameramann Volker May. Mr. Ceasar Gachira, Kenias Generalkonsul in Zürich. Kenia Ministry of Information and Broadcasting.

Kenia Tourist Board.

BILD- UND TEXTNACHWEIS

Blue Rhino, Nairobi, Kenia: S. 6/7 (Karte)

Walter Mittelholzer bei Schweiz / Photoswissair, Regensdorf-Watt, Schweiz: Umschlag (2), S. 4 (4), 14, 41, 45, 62/63, 81

Fritz Pölking, Greven: S. 32

© 1999 Earl Theisen/JFK Library, Boston, Massachusetts: Umschlag (M), S. 4 o.r.

Das Zitat auf Seite 2 aus Ernest Hemingway, *Schnee auf dem Kilimandscharo*, aus: Ernest Hemingway, 49 Stories, deutsch: Annemarie Horschitz-Horst Copyright © 1949 / 1977 by Rowohlt Verlag, Hamburg / Reinbeck

IMPRESSUM

Konzeption: Bernard Weber, Susanne Böttcher
Graphische Gestaltung: Robert Gigler, Uschi Schmitt
Lektorat: Britta Egetemeier
Herstellung: Angelika Kerscher, Robert Gigler
Titelbildbearbeitung: Normand Tessier, Montreal, Kanada
Illustrationen auf Seite 1, 79, 83: Francis Back, Montreal, Kanada
Lithografie: Artilitho, I-Trento
Druck und Bindung: Editoriale Lloyd, I-Trieste

Printed and bound in Italy.
ISBN 3-7658-1235-8

JEPPESEN
NAIROBI, KENYA
WILSON
VICINITY CHART
NAIROBI, KENYA
WILSON
HKNW
JEPPESEN
118.1
REPUBLIC OF KENYA
OFFICIAL RECEIPT
CASH
No instrument approach procedure established for this airport.
ADDITIONAL RUNWAY INFORMATION
USABLE LENGTHS